Inhalt

Herzensangelegenheit - Nur emotional überzeugte Mitarbeiter glauben an Fusionen

Kernthesen

Beitrag

Fallbeispiele

Weiterführende Literatur

Impressum

Herzensangelegenheit - Nur emotional überzeugte Mitarbeiter glauben an Fusionen

Harald Reil

Kernthesen

- Fusionsexperten, die die betroffenen Mitarbeiter nicht mit ins Boot holen, gefährden die Existenz des Unternehmens.
- Erfolgreiche Firmenzusammenschlüsse stehen und fallen mit der Qualität der Kommunikationsstrategie und dem notwendigen Quäntchen Fingerspitzengefühl.
- Eine neue Firmenkultur entsteht nicht über Nacht, sondern muss organisch wachsen. Eine Möglichkeit sind zum Beispiel

Austauschprogramme.
- Zwei Banken aus dem Norden und Süden der Republik zeigen, wie mustergültige Fusionen über die Bühne gehen sollten.

Beitrag

Große Gefahr: Unternehmenskulturen, die nicht zusammenwachsen

Erfahrene Fusionsexperten scheinen sich in einer Sache einig zu sein: Unternehmensmergers laufen nur dann verhältnismäßig reibungslos ab, wenn die Betroffenen von Anfang an ins Boot geholt werden. Das lässt sich strategisch aber nur mit einer konsequent offenen Informationspolitik und einer gehörigen Portion Fingerspitzengefühl erreichen, und zwar zu jeder Phase des Zusammenschlusses. Das ist leider nicht immer der Fall. Die Folge sind Mitarbeiter, die sich verständnislos gegenüberstehen und Unternehmenskulturen, die einfach nicht zusammenwachsen wollen. Oder anders formuliert: Ein Fusionsmanagement, das die Herzen der Mitarbeiter nicht erreicht, wird sich mit einer Belegschaft auseinandersetzen müssen, die latent unzufrieden ist. Was das für die Motivation der Mitarbeiter und daher letztendlich für den strategischen Geschäftserfolg bedeutet, liegt auf der Hand: Rebellische Angestellte, die innerlich aller Wahrscheinlichkeit nach auch schon gekündigt haben, können das neuformierte Unternehmen in eine existenzielle Krise stürzen. (1), (2)

Traditionen, Austauschprogramme und Arbeit in gemischten Teams

Was ist also bei der Entwicklung von Fusionsstrategien zu beachten? Zunächst einmal ganz banal: Da sich die Vergangenheit des Unternehmens, das in der schwächeren Position ist, nicht einfach wegwischen lässt, ist es ratsam, sich auch zu ihr zu bekennen. Das kann in symbolischen Akten bestehen, zum Beispiel am Festhalten von Traditionen wie zum Beispiel der Weihnachtsfeier an einem bestimmten Ort. Auf Arbeitsebene erleichtern Austauschprogramme das Verständnis für die andere Firmenkultur, etwa wenn die Führungskraft des Unternehmens A für einige Zeit die Aufgaben des Kollegen im Unternehmen B übernimmt und umgekehrt. Gemischte Teams, also Teams, die sich aus Angestellten der Fusionspartner zusammensetzen, und die eine Aufgabe gemeinsam zu lösen versuchen, tragen ebenfalls zu einem besseren gegenseitigen Verständnis bei. Vorurteile lassen sich so zwar schneller abbauen, konfliktfrei wird aber auch eine solche Fusion nicht über die Bühne gehen. Immerhin: Die Softvariante lässt sich vielversprechend an, wie einige vereinzelte Beispiele zeigen - zumindest nimmt sie mehr auf die Gefühle der Betroffenen Rücksicht wie die auf Effizienz und Schnelligkeit angelegten Hardcore-Übernahmen anderer "Fusionsexperten". (3), (4)

Ob eine Fusion erfolgreich war, zeigt sich oft erst nach Jahren

Dass die bisherigen Praktiken nicht gerade erfolgreich sind, ist unter Fachleuten unumstritten. Experten schätzen daher auch, dass jeder zweite bis dritte Fusionsversuch nicht das hält, was sich die Verantwortlichen davon versprochen haben. Nicht jeder der erfolglosen Zusammenschlüsse wird allerdings in den Medien so breitgetreten wie die unrühmliche Allianz zwischen Daimler und Chrysler. Das Gros der gescheiterten Mergers bleibt von der Öffentlichkeit unbeachtet. Die Gründe für die Fehlschläge dürften allerdings immer ähnlich sein: Neben zu unterschiedlichen Unternehmenskulturen, inkompatiblen Geschäftsmodellen und einem kleinlichen Postengeschachere ist es vor allem auch eine unzulängliche Informationspolitik, die das wichtigste Asset, das ein Unternehmen hat, auf den Merger adäquat vorbereitet und ihn darauf einstimmt: die Mitarbeiter. Ob ein Zusammenschluss strategisch wirklich funktioniert, stellt sich übrigens erst nach Jahren heraus. Manchmal ist es sogar erst das verflixte siebente Jahr, in dem sich der Erfolg oder der Misserfolg der Beziehung entscheidet. (6)

Trends

Zeichen der Zeit sprechen für Softfusionen

Allerdings sprechen die Zeichen der Zeit dafür, dass in Zukunft bei Unternehmensfusionen tatsächlich mehr auf die Interessen der betroffenen Mitarbeiter Rücksicht genommen wird, als das bisher der Fall war. Der Gesinnungswandel lässt sich jedoch sicherlich nicht darauf zurückführen, dass die Bosse sozusagen über Nacht bessere Menschen geworden wären. Vielmehr ist die liberalere Gangart dem demografischen Wandel geschuldet, der die Arbeitgeber geradezu zwingt, ihre Mitarbeiter pfleglicher zu behandeln, da sie im Falle einer

Kündigung Mühe haben würden, adäquaten Ersatz zu finden. Diese These stimmt auch mit den Erkenntnissen des Nürnberger Instituts für Arbeitsmarkt- und Berufsforschung überein. Es hat festgestellt, dass seit 2009, also inmitten der großen Finanzkrise, als die Produktivität der deutschen Wirtschaft erheblich zurückging, deutsche Unternehmen ihre Angestellten zum ersten Mal nicht massenhaft entließen.

Die Deutsche Gesellschaft für Personalführung (DGFP) bestätigt diesen Trend des langsam um sich greifenden sorgsameren Umgangs mit dem sogenannten Humankapital. Bei einer Umfrage unter 135 Unternehmen stellte sich heraus, dass immerhin 50 Prozent der Firmen nach Lösungen gesucht haben, um ihre Mitarbeiter trotz der Krise an sich zu binden. Dazu gehörten zum Beispiel Altersteilzeit, Kurzarbeit, der Abbau von Arbeitszeitkonten, ein temporärer Lohnverzicht oder die Kürzung von Sozialleistungen. Angesichts dieser Entwicklungen dürfen sich Arbeitnehmer wohl auf bessere Zeiten freuen. Ob die rücksichtsvollere Behandlung dabei aus einem Impetus der Fusionsverantwortlichen nach mehr Menschlichkeit oder - was wahrscheinlicher ist - auf bloßes Kalkül zurückzuführen ist, dürfte den Betroffenen egal sein. (5)

Fallbeispiele

Q_Perior setzte bei Fusion auf 5-Phasen-Modell

Die IT-Firmen Agens Consulting, Esprit Consulting und Paricon, die sich unter dem Namen Q_Perior zusammengeschlossen haben, scheinen bei ihrer Fusion vieles richtig gemacht zu haben. Grundlage des positiven Ergebnisses war nach Ansicht des Personalchefs ein kluges Change Management. Konkret bedeutet das Folgendes: Die Mitarbeiter der drei Firmen erhielten in jeder Phase des Zusammenschlusses genaue Informationen, damit sie die Neuorganisation auch bis ins Detail nachvollziehen konnten. Die Fusion selbst lief in fünf Phasen ab. Sie wurden folgendermaßen benannt: Veränderungsanalyse, Maßnahmenplanung, Umsetzung und Kontrolle, Post-Merger-Phase, Abschluss.

In Phase I verschafften sich die Change-Experten einen Überblick über die Stimmungslage und versuchten, die Betroffenen von der Fusion zu überzeugen. Sie legten außerdem das Ausmaß der Strukturveränderung fest. Wichtig in dieser ersten

Phase war auch bereits die enge Abstimmung zwischen den Teilprojektverantwortlichen. In Phase II holten die Fusionsstrategen die Zustimmung der Führungsriege ein und einigten sich auf einen Kommunikationsfahrplan. Mithilfe eines Workshops, mehrerer Events, einer Kick-Off-Party und gemeinsamen Feiern wurden Führungskräfte und Mitarbeiter in die bevorstehende Fusion eingebunden und darauf eingeschworen.

Phase III, die Umsetzungsphase, begann ein Vierteljahr vor dem offiziellen Zusammenschluss. Kerninhalte waren unter anderem die Offenlegung einer nachvollziehbaren Fusionsstrategie und einer klar verständlichen Organisationsstruktur. Die Einrichtung von Foren ermöglichte die offene Kommunikation unter den Mitarbeitern. Jour Fixes, die alle zwei Wochen abgehalten wurden, informierten alle Beteiligten über die Fusionsfortschritte. In Phase IV verständigt ein monatlicher Newsletter über die weitere Vorgehensweise des Fusionsteams.

Q_Prior hat mittlerweile an dem Wettbewerb "Great Place to Work" teilgenommen. Die Ergebnisse: 87 Prozent der Mitarbeiter sind mit ihrem Arbeitsplatz sehr zufrieden, allerdings glauben nur 50 Prozent, dass sich ihre Chancen tatsächlich verbessert haben. Für die Verantwortlichen ist das ein Indiz dafür, dass die Fusion zwar formell abgeschlossen, in den Köpfen der Mitarbeiter aber noch immer nicht ganz angekommen ist. (2), (6)

Vorbildliche Fusion zweier Banken aus dem Norden und Süden der Republik

Die Fusion der Traditionsbankhäuser Conrad Hinrich Donner mit ihrem Hauptsitz in Hamburg und der Reuschel & Co. Bank, die ihre Zentrale in München hat, gilt in der Branche als vorbildlich. Zwar schwante auch den 400 Mitarbeitern aus dem Süden der Republik Übles, als die Käufer aus dem Norden auf den Plan traten, doch es kam alles ganz anders als befürchtet - und das mitten in der Bankenkrise. Der Zusammenschluss ging erstaunlich sanft und ohne größere gewaltsame Einschnitte über die Bühne. Auf branchenübliche Praktiken wie zum Beispiel Mitarbeiterrankings als Entscheidungskriterium, um vermeintlich leistungsschwächere Angestellte vor die Tür zu setzen, verzichteten die Fusionsexperten. Dafür hörten sich externe Moderatoren die Wünsche und Sorgen der Mitarbeiter an - ganz ohne Vorgesetzte. Allerdings wäre eine Bank keine Bank, wenn sie nicht dem alten Wahlspruch folgte, dass die Vorsicht die Mutter der Porzellankiste ist. Donner & Reuschel hat

ein Profitcenter eingerichtet, das überprüft, ob sich die weichgespülte Fusionsvariante auch wirklich lohnt. Die gute Nachricht: Bisher sieht noch alles gut aus. Die Banker können also beruhigt sein. Vorerst.
(5)

Weiterführende Literatur

(1) Ergebnisse einer aktuellen Studie - Erfolgreiches Change Management
aus Arbeit und Arbeitsrecht, Heft 12/2011, S. 715-717

(2) Veränderungen lassen sich nicht verordnen
aus Computerwoche, 23.04.2012, Nr. 17

(3) Wenn Norden und Süden zusammenwachsen
aus - Personalwirtschaft, Heft 03/2012, S. 37-39

(4) Ein Spielfeld für die Personaler
aus PERSONALmagazin, Heft 04/2012, S. 44

(5) Halten!
aus brand eins, Heft 05/2012, S. 100-105

(6) Manchmal ist Illoyalität gut -für einen Neuanfang
aus brand eins, Heft 05/2012, S. 124-127

Impressum

Herzensangelegenheit - Nur emotional überzeugte Mitarbeiter glauben an Fusionen

Bibliografische Information der deutschen Nationalbibliothek

Die Deutsche Nationalbibliothek verzeichnet diese Publikation in der deutschen Nationalbibliografie; detaillierte bibliografische Daten sind im Internet über http://dnb.d-nb.de abrufbar.

ISBN: 978-3-7379-1287-7

© 2015 GBI-Genios Deutsche Wirtschaftsdatenbank GmbH, Freischützstraße 96, 81927 München, www.genios.de

Alle Rechte vorbehalten. Dieses Werk ist einschließlich aller seiner Teile – z.B. Texte, Tabellen und Grafiken - urheberrechtlich geschützt. Jede Verwertung außerhalb der Grenzen des Urheberrechtsgesetzes bedarf der vorherigen Zustimmung des Verlags. Dies gilt insbesondere auch für auszugsweise Nachdrucke, fotomechanische

Vervielfältigungen (Fotokopie/Mikroskopie), Übersetzungen, Auswertungen durch Datenbanken oder ähnliche Einrichtungen und die Einspeicherung und Verarbeitung in elektronischen Systemen.